BIOGRAPHIE ET PORTRAITS

DES

MBRES DU GOUVERNEMENT PROVISOIRE

DE LA

RÉPUBLIQUE FRANÇAISE.

par A. L.

MULHOUSE,

IMPRIMERIE DE J. P. RISLER.

1848.

DUPONT (DE L'EURE),

Président.

DUPONT (DE L'EURE),

Président.

Né à Neubourg (Eure), le 27 février 1767, Dupont, (Jacques-Charles), a aujourd'hui quatre-vingt-un an.

Il fut reçu avocat au parlement de Normandie, en 1789. Il embrassa, dès sa plus tendre jeunesse, la cause de la Révolution, et il la suivit depuis, sans jamais se démentir, avec le courage d'un sincère ami de la liberté et la modération d'un honnête homme.

En 1792, le jour même où il atteignit sa vingt-cinquième année, c'est-à-dire sa majorité, il fut nommé maire de sa commune. Peu de temps après, il fut nommé chef d'une administration du district de Louviers, et ensuite juge au tribunal de cette ville. Membre du conseil des Cinq-Cents, il fut, en l'an VIII, nommé conseiller à la cour d'appel de Rouen, et, la même année, appelé à la présidence du tribunal criminel d'Evreux.

En 1811, lors de la réorganisation judiciaire, M. Dupont revint à Rouen en qualité de conseiller, et passa bientôt après à la présidence de la cour impériale. Présenté de nouveau par le collége électoral de l'Eure, candidat au corps législatif, il fut choisi par le sénat, et y siégea en 1813. Il y prit place encore, lorsqu'en Juin 1814 Louis XVIII convoqua cette assemblée. M. Dupont fut nommé premier président à la presque unanimité. Il choisit et fixa sa place sur les bancs de l'opposition. Député pour son département à la chambre des représentans, pendant les cent-jours, il en fut nommé second vice-président.

En 1817, ses concitoyens l'honorèrent de nouveau de leur confiance, en l'envoyant à la chambre défendre la cause de la liberté. En 1830, le collége de Pont-Audemer l'envoya encore à la chambre des députés ; depuis cette époque il n'a jamais cessé de faire partie de cette assemblée.

Enfin, à la révolution de Juillet 1830, cette même probité proverbiale fut considérée comme un élément indispensable à la formation du nouveau gouvernement. Il avait refusé d'abord ; mais enfin après une longue conversation, où le duc d'Orléans déploya toute son adresse, M. Dupont fut enrôlé. Dés les premiers jours de son entrée au ministère, il s'aperçut de la tendance anti-libérale qu'on voulait imprimer à la révolution ; mais Lafayette et Laffitte lui faisaient partager l'illusion qui les fascinait encore eux-mêmes.

Il refusa les 25,000 francs de frais de premier établissement alloués aux ministres. C'était là un grand scandale. — Mais c'est blâmer la conduite de vos collègues, dit Louis-Philippe. —Je ne blâme personne, j'obéis à ma conscience, répondit M. Dupont, et rien ne put le faire changer de résolution. « J'ai trouvé le ministère bien garni de toutes choses, disait-il, mon déménagement ne m'a rien coûté ; je ne veux aucune indemnité. »

Un jour, M. Dupont (de l'Eure) présenta à la sanction royale une ordonnance portant nomination de vingt juges-de-paix. Sa Majesté lut attentivement, et, s'arrêtant tout-à-coup : « Je ne signerai pas, s'écria-t-elle ; je vois là le nom d'un homme que je n'appellerai jamais à aucune fonction publique. » On s'expliqua : cet homme avait autrefois fait un procès à Louis-Philippe, et l'avait gagné ; c'était aux yeux du roi une raison suffisante pour ne pas le nommer juge-de-paix. Le ministre en avait de meilleures pour le nommer, et il l'emporta, après un mois de luttes quotidiennes.

M. Dupont (de l'Eure) ne conserva que peu de mois son poste. Il donna sa démission le 24 décembre 1850 ; on lui proposa un siége à la cour de cassation, mais il refusa avec un dur mépris ; c'est en vain que deux ministres employèrent l'intervention de Béranger, son digne ami, pour fléchir ses refus ; l'intègre Dupont demeura inébranlable, inflexible. « Qu'importait la fortune à qui pouvait se contenter du plus stricte nécessaire ! Mais quel exemple fatal à donner à une foule de députés à conscience facile, que le spectacle de l'intègre Dupont s'enrégimentant parmi les créatures ministérielles et acceptant comme les Troyens les présents des Grecs. » Telle fut la réponse de Dupont à son ami Béranger, et que celui-ci fut obligé de reporter aux ministres.

M. Dupont (de l'Eure) a constamment siégé à la chambre et dans les rangs de l'opposition, depuis son élection de 1850. La perte d'un parent tombé mort dans un duel avec un député, faillit priver l'opposition de l'appui de ce citoyen vertueux ; il avait envoyé sa démission et ce n'est qu'à grand peine, et en invoquant les intérêts de la patrie, que ses amis purent vaincre ses répugnances et le décider à aller reprendre sa place à la chambre.

ALPHONSE DE LAMARTINE ,

Ministre de l'Extérieur.

Alphonse de LAMARTINE est né à Mâcon, le 21 octobre
1790; son nom de famille est *de Prat*; il prit plus tard le
nom d'un oncle maternel. Son père était major d'un régiment
de cavalerie sous Louis XVI, et sa mère était petite-fille de
madame Des Roys, sous-gouvernante des princes d'Orléans.
Attachée ainsi à l'ancien ordre des choses, sa famille fut
frappée par la révolution, et ses plus lointains souvenirs se
reportent à une sombre prison d'arrêt où on le menait vi-
siter son père. Les plus mauvais jours de la terreur passèrent
et la famille de M. DE LAMARTINE se retira dans une terre
obscure, à Milly, où s'écoulèrent paisibles ses jeunes années.

Bientôt l'enfant dût quitter le toit paternel; on l'envoya achever son éducation à Belley, au collége des Pères de la Foi. Les germes religieux qu'il tenait de sa mère se développèrent puissamment par l'éducation qu'il y reçut.

Après sa sortie du collége, M. DE LAMARTINE passa quelque temps à Lyon, fit un court et premier voyage en Italie, et vint à Paris, dans les derniers jours de l'empire. Il rêvait la gloire, la gloire dramatique surtout. Il fut bien accueilli de Talma, qui se plaisait à l'entendre réciter de sa voix vibrante et mélancolique les fragments inédits d'une tragédie de *Saül.*

Ses succès littéraires ouvrirent à M. de Lamartine la carrière diplomatique. Jusqu'en 1823, il résida successivement à Naples, comme secrétaire d'ambassade, et quelque temps à Londres, au même titre ; puis il revint en Toscane, en qualité de chargé d'affaires. C'est à cette époque qu'il faut placer une circonstance dramatique de sa vie: dans un de ses poèmes il avait dit, en parlant de l'Italie :

> Je vais chercher ailleurs, pardonne, ombre romaine !
> Des hommes et non de la poussière humaine.

Le colonel Pépé, au nom de sa nation, demanda à M. de Lamartine raison de cette apostrophe. Le poète accepta le défi et reçut une large blessure qui mit longtemps sa vie en danger. A peine rétabli, il s'empressa d'intercéder auprès du grand-duc, en faveur de son adversaire.

M. de Lamartine revint en France en 1829. En 1830, il venait d'être élu membre de l'Académie française, et il allait partir, pour la Grèce en qualité de ministre plénipotentiaire, quand la révolution de Juillet éclata.

Aux premières élections en 1830, M. de Lamartine ayant échoué, il mit à exécution le projet depuis longtemps médité d'un voyage à Jérusalem. Les Dunkerquois n'avaient pas oublié l'illustre voyageur, ils lui envoyèrent par delà des mers un mandat législatif. Ce fut le 4 janvier 1834 que M. de Lamartine parut, pour la première fois, dans la discussion de l'adresse.

Poète supérieur, le Byron de la France, il devait ajouter à sa couronne les fleurons plus précieux et plus brillants encore de l'historien et de l'orateur politique.

On cite, au sujet de sa splendide composition de l'*Histoire des Girondins,* une particularité qui dépose de sa bonne foi, plutôt qu'elle n'infirme l'opinion que l'on peut avoir de la solidité de ses opinions : c'est qu'attaché au parti des Girondins par la simpathie que lui inspiraient leurs grands talents, leurs malheurs et leur fin tragique, il prit la plume avec l'intention de faire leur apologie, et comme particuliers et comme hommes politiques ; mais que, soit étude plus approfondie des faits, soit méditation ou conséquence logique tirée de l'ensemble des évènements, il en vint à conclure contre la cause même qu'il se proposait de défendre, et à faire prévaloir sur ces hommes éminents, les montagnards, leurs adversaires.

Cette circonstance est de nature à expliquer comment et pourquoi M. de Lamartine a cherché et réussi à concilier en sa personne le radicalisme des montagnards, ennemis des déterminations incomplètes et des demi-mesures, avec l'élan, la générosité, et l'on peut ajouter la haute éloquence, particulière au parti girondin. Ainsi, aux uns il a pris leur constance et leur inflexibilité, sans leurs sanglants moyens d'exécution ; aux autres, il a emprunté l'esprit de dévouement mutuel, sans les irrésolutions, et, pour ainsi dire, les rétrogradations alternatives qui les ont perdus, et avec eux les intérêts du pays qu'ils avaient tant à cœur de défendre.

Ce qu'il y a de certain, c'est qu'à partir de l'époque où M. de Lamartine, franchissant, pour n'y plus retourner, les bancs de ces conservateurs auxquels il avait appartenu, lorsqu'il craignait de compromettre le salut du pays, par l'exigence prématurée des libertés publiques, et qu'il avait quittés, dès que l'ordre fut rétabli et le pouvoir gouvernemental consolidé, il se convainquit que le pouvoir ne voulait accomplir aucune de ses promesses ; dès cette époque enfin, où, persuadé de la trahison royale, il se décida à passer à l'opposition, il le fit résolument, complètement, sans s'arrêter aux incidents de la marche, et dépassa d'un seul bond les limites auxquelles l'opposition dite dynastique s'était attardée. Il se comporta avec l'inflexibilité des députés de la Montagne, mais aussi avec l'éloquence et le talent des Girondins.

C'est alors que nous l'avons vu véritablement homme politique, ne redoutant pour lui-même aucun danger inhérent à l'accomplissement des mesures jugées utiles, telles que la réalisation du banquet auquel il persistait à assister, malgré l'opposition à main armée annoncée par le ministère; telles encore que, dans la fameuse séance du 24 février, son refus d'accepter la régence de la duchesse d'Orléans.

ARAGO,

ministre de la marine.

ARAGO,

Ministre de la Marine.

M. *Arago, ministre de la marine.* — Voilà une grande
éclatante notabilité : pour mieux dire. M. Arago est l'une
des gloires les plus éminentes du monde civilisé. Il n'est pas
en Europe un savant qui ne s'honore de l'avoir pour corres-
pondant ou pour guide, et c'est l'homme qui a le plus popu-
larisé les sciences exactes et astronomiques.

Sa célébrité comme savant date de l'année 1808, époque
où, simple secrétaire du bureau des longitudes, il fut chargé
par l'Institut, section des sciences, d'aller reconnaître le mé-
ridien en Espagne. Il eut à souffrir, dans cette mission, une
foule d'aventures romanesques, telles que sa capture dans un
port de débarquement assiégé par l'armée française et où les
habitants le retinrent prisonnier ; puis son évasion sous un
déguisement, puis son rembarquement suivi d'une attaque
de son vaisseau par les Algériens, qui l'emmenèrent es-
clave, etc., etc.

Le résultat fut que l'Institut resta pendant près d'un an
sans nouvelle aucune de son représentant scientifique.

A son retour à Paris, M. Arago fut accueilli comme un
fils bien aimé. On le nomma successivement membre ad-
joint et membre titulaire au bureau des longitudes ; puis,
membre de l'Institut, puis professeur et examinateur d e'é-
cole polytechnique. Enfin, il atteignit à toutes les distinctions
de la science, et obtint cette juste célébrité qui ne l'a plus
abandonné depuis.

M. Arago n'est pas seulement savant, il est aussi orateur
et écrivain plein de charmes.

Il est entré à la chambre des députés comme faisant partie de l'opposition la plus avancée.

On ne pouvait confier le portefeuille de la marine a un
citoyen plus dévoué, à un ministre plus capable.

ISAAC ADOLPHE CRÉMIEUX,
ministre de la Justice.

ISAAC ADOLPHE CRÉMIEUX,
Ministre de la Justice.

Crémieux (Isaac-Adolphe) naquit à Nimes, le 11 floréal an IV (30 avril 1796). Il est aujourd'hui dans sa cinquante-deuxième année.

Dès ses premiers ans, le jeune Crémieux se fit remarquer par une extrême facilité ; il avait une mémoire prodigieuse, et il lisait avec un charme particulier. Dès qu'il eut atteint sa onzième année, son père l'envoya à Paris, au lycée impérial, aujourd'hui collége Louis-le-Grand, pour y faire toutes ses études. De bonne heure, il fit pressentir ce qu'il deviendrait un jour. Ses petits camarades l'appelaient l'*avocat*. En 1813, il fut trois fois couronné au concours général des lycées. Il resta au collége jusqu'en 1815. Son dernier acte fut une adresse présentée à Napoléon, le 16 avril, à son retour de l'île d'Elbe.

Après la présentation de cette adresse, le jeune Crémieux fut rappelé à Nimes, au sein de sa famille. Les esprits étaient dans une grande exaltation, et tout annonçait cette horrible guerre civile dont le midi de la France fut le théâtre sanglant. Le 17 juillet, le bruit se répand que le drapeau blanc était arboré aux casernes. Le jeune Crémieux saisit un fusil et se précipite au combat. Mais on le retint par la force. Cependant cette tentative courageuse et les opinions républicaines de son père suffirent pour désigner sa maison au pillage.

Bientôt après, Crémieux alla suivre son cours de droit à Aix. Au mois de juillet 1817, il soutint sa thèse avec éclat, et fut reçu avocat au barreau de Nimes, au mois d'août suivant. Déjà le jeune avocat professait les opinions les plus libérales, et depuis, on le voit toujours payant de sa personne, dans toutes les occasions où il a pu être utile à son parti, aux faibles, aux vaincus, aux opprimés, soit devant les tribunaux, soit à la Chambre, soit ailleurs, partout où il s'est remué quelque chose de grand. Les dernières luttes l'ont rendu tout à fait populaire.

M. Crémieux est né dans la religion juive. Depuis le jour où il est entré au barreau, il n'a jamais cessé de combattre pour ses coréligionnaires, et tous les israélites du monde le regardent en ce moment comme un des hommes qui ont le plus contribué à dissiper les préjugés auxquels ils sont en butte.

En 1854 , M. Crémieux réunit chez lui la plupart des rédacteurs des divers journaux de Paris, auxquels il avait rendu lui-même des services si signalés.

« Messieurs, dit Me Crémieux, vous savez tous si mon zèle, si mon dévouement ont fait jamais défaut à la presse, j'ose réclamer de vous, à mon tour, un service qui ne sera d'ailleurs qu'un acte de justice. Depuis quelque temps, je m'aperçois que si, au milieu de cette foule immense de voleurs qui exploitent la capitale et dont les journaux signalent l'arrestation ; que si, au milieu de ce grand nombre de prévenus ou d'accusés que la justice livre aux tribunaux, il se trouve un individu appartenant à la religion juive, vous ne manquez jamais de mettre à côté de son nom le mot *juif*. C'est à la fois un oubli des saintes lois de la tolérance, et un argument fourni aux ennemis de la liberté des cultes. C'est d'ailleurs une cruelle injustice ; car vous ne dites pas des autres qu'ils sont catholiques ou protestans. Enfin, messieurs, je suis juif, quelques-uns de vous ne le savent peut-être pas ; je sollicite de votre amitié ce que je demande à votre esprit de libéralisme. Les tribunaux frappent les voleurs sans distinction de culte ; annoncez la condamnation ou les poursuites sans distinction de religion. »

Il est inutile d'ajouter qu'une aussi juste recommandation fut universellement accueillie.

Pour achever de faire connaître M. Crémieux, nous finirons cette notice par un des plus beaux traits de sa vie.

En l'an iv de la République française, la maison E. Crémieux frères, qui faisait à Nîmes le commerce des soieries, suspendit ses paiements. Plus tard, un bilan fut déposé au greffe du tribunal de commerce.

L'un des deux frères associés sous la raison E. Crémieux, se nommait David Crémieux aîné : c'était le père du célèbre avocat.

Il paya plus tard un certain nombre de ses créanciers, soit intégralement, soit en partie.

Il mourut le 12 janvier 1819, sans avoir obtenu cependant sa réhabilitation.

Dès ce moment, son fils n'eut plus qu'une pensée, celle de réhabiliter la mémoire de son père.

Le 10 novembre 1837, M. Adolphe Crémieux, présenta à la Cour royale de Nîmes une pétition qui se termine ainsi:

« Après quarante ans, nul ne m'eût refusé une quittance finale. Il m'a semblé qu'il fallait accomplir l'œuvre, je n'ai transigé ni avec la loi ni avec moi-même, j'ai tout payé.

« Fils pieux, j'ai le droit d'aller m'incliner sur la tombe de mon père.

« La plupart des créanciers qui m'ont donné quittance avaient perdu leurs titres; plusieurs, que ma mère m'avait désignés, les avaient remis en recevant, en sus de leur dividende, une somme plus ou moins considérable; quelques-uns n'avaient pas même souvenir de la faillite qu'il a fallu leur rappeler. Aucun de ces créanciers ne pouvait donc former de réclamation. J'ai soldé la dette à chacun d'eux. Tel avait cédé sa créance à vil prix, j'ai fait rentrer la cession et payé la somme entière; tel autre encore m'a déclaré avoir été payé en marchandises sur lesquelles il avait perdu à la revente, j'ai réparé la perte. Enfin je rapporte les billets ou les titres, ou les quittances finales de tous les créanciers; j'ai été au devant de toute réclamation possible......

« Je crois avoir prouvé à la mémoire de mon père tout ce que mon cœur renferme de reconnaissance pour lui, tout ce que mon âme renferme de respect pour sa cendre sacrée.

« Je sollicite aujourd'hui de vous, messieurs, le complément de l'acte de piété filiale que j'ai voulu consommer. Heureux de demander cette paternelle justice à la Cour royale de Nîmes, dont j'ose, avec respect, rappeler ici l'ancienne bienveillance pour moi !

« Je demande à la Cour la réhabilitation de mon père.

« Ad. Crémieux,
« Avocat à la Cour royale de Paris. »

Un arrêt de réhabilitation suivit cette supplique, dont les expressions si simples et si touchantes n'ont pas besoin d'éloges.

LEDRU-ROLLIN,

Ministre de. l'Intérieur.

M. Ledru-Rollin, après avoir été nommé, à l'exemple de son collègue Crémieux, avocat à la cour de cassation, a donné sa démission de son office, aussitôt qu'il a été nommé membre de la chambre des députés.

Soit à ce dernier titre, soit au premier, M. Ledru-Rollin a constamment déployé un talent réel, ainsi qu'une grande véhémence comme orateur, et fait profession de principes politiques fort avancés. Il les a soutenus au prix de beaucoup de sacrifices, même pécuniaires. Il est ainsi venu, dit-on, en aide à un journal de son parti. Des bruits de mésintelligence entre l'un de ses collègues et lui ont couru, depuis que l'un et l'autre sont entrés au ministère; mais nous tenons de source certaine que ces bruits étaient exagérés, sinon dénués de fondement, et qu'en tout cas un rapprochement complet a été opéré entre ces deux ministres, par la médiation de leur collègue des affaires étrangères.

MICHEL GOUDCHAUX,

(Ministre des Finances, au début de la République).

M Goudchaux est banquier, de principes très-libéraux, dans la double acception du mot; car il s'est constamment efforcé, dans les élections, de favoriser les candidats libéraux, et il n'a jamais hésité à ouvrir des souscriptions, ou à participer à celles qui étaient ouvertes en faveur de toutes les infortunes de ses amis politiques ou dans l'intérêt des libertés du pays. M. Goudchaux a pris, depuis nombre d'années, une part assez active à la rédaction du *National*, où il a traité, avec talent et une grande science des affaires, les questions de finances, et soutenu, notamment contre la banque de France, une lutte ferme et une polémique remarquable.

M. Goudchaux qui n'avait accepté le portefeuille des finances que sur les instances de ses amis politiques, résigna ces fonctions dès qu'il pût être remplacé.

GARNIER-PAGÈS ,
ministre des Finances.

GARNIER-PAGÈS,
Ministre des Finances.

GARNIER-PAGÈS, *membre du gouvernement provisoire*, d'abord maire de Paris, aujourd'hui ministre des finances. « *Fais le nom, je ferai la fortune,* » avait dit M. Garnier-Pagès à son frère, celui que la mort a enlevé si jeune et si populaire déjà. Il a tenu plus que parole, car il a fait la fortune et il a continué le nom.

Il faut lire la notice touchante dans laquelle, peu après la mort de Garnier-Pagès l'aîné, M. E. Duclerc, l'ami des deux frères, rédacteur du *National*, et aujourd'hui sous-secrétaire d'état au ministère des finances, racontait les premières années, l'adolescence rude, laborieuse, honnête, et le mutuel dévouement de ces deux jeunes gens, que n'ont point épargnés l'adversité et la misère.

« Après la mort de leur digne mère, les deux frères, dont l'un avait vingt-trois ans, l'autre vingt et un, se jurèrent de ne jamais se quitter, de travailler en commun, et de partager également, dans l'avenir, toutes les faveurs comme tous les revers de la fortune. Association touchante et vraiment admirable, qui sera l'éternel bonheur de cette admirable famille, et qui doit être citée en exemple par tous les pères à leurs enfants. »

Ni l'un ni l'autre n'a manqué un seul jour à cet engagement. Durant seize années consécutives, jusqu'à la mort de Garnier-Pagès l'aîné, cette association volontaire a duré. L'un, celui qui n'est plus, se lança au barreau ; puis, dans la carrière politique, où son nom a jeté un si brillant éclat. L'autre, celui qui survit, se voua modestement à travailler pour deux : à l'aide d'une cotisation de quelques amis, il acheta une charge de courtier de commerce, pourvut par son intelligence et son activité aux besoins de toute sa famille, et sans se départir un seul instant du rôle si plein d'abnégation qu'il avait accepté, tout en restant personnellement dans l'ombre, il assista son frère de tout le précieux concours de son expérience pratique et de ses études personnelles sur les questions d'affaires et de finances que celui-ci, le pays s'en souvient encore, traita à la tribune avec une supériorité si grande.

Lorsque mourut cet homme de talent et de cœur, il fallut que Garnier-Pagès jeune prît sa place, et se présentât comme les héroïques imberbes de la *Marseillaise :*

Nous entrerons dans la carrière
Quand nos aînés n'y seront plus.

Il entra à la chambre, révéla promptement sa grande valeur personnelle, et se montra de tout point le digne successeur de son frère. Pour la première fois peut-être, l'on vit surgir en sa personne l'hérédité collatérale du talent, de l'énergie et du principe.

Sa vie politique est connue. Il fut l'un des agents et l'un des promoteurs les plus actifs, les plus habiles et même les plus éloquents de l'agitation pacifique de 1847. Il fut du petit nombre des députés qui opinèrent pour que l'opposition se rendît au banquet, malgré l'interdiction du ministère. Sous sa frêle enveloppe se cachent une organisation puissante, une fermeté à toute épreuve.

De telles qualités, qui se joignent chez lui à un ardent patriotisme, au désintéressement le plus pur, suffisent, et au-delà, à justifier sa popularité actuelle, et font de lui un homme antique. M. Garnier-Pagès est foncièrement bon. Tel la famille l'a connu, tel le pays le trouvera. Le foyer de son dévouement s'est aggrandi sans perdre rien de son intensité première. Si nous voulions le faire connaître par des traits, nous n'aurions que l'embarras du choix. Dernièrement, un solliciteur avide lui demandait la place d'un homme qui l'a violemment attaqué, presque injurié, dans un récent débat public. — Je vous remercie, lui répondit avec simplicité M. Garnier-Pagès ; vous me donnez une bonne idée. Je ne songeais guère, au milieu des préoccupations actuelles, à ce pauvre X...; je vais faire mon possible pour qu'il reste en place. »

M. Garnier-Pagès, qu'une longue habitude des affaires a rompu aux questions des finances, a accepté la rude et haute mission de conjurer, par ses efforts, les orages de tout genre qui menacent la fortune publique et privée. Nous avons non-seulement l'espoir, mais la pensée qu'il est au niveau de sa tâche.

BETHMONT,

Ministre du Commerce.

M. *Bethmont*, appartenant au peuple par les sympathies
autant que par la naissance, est un avocat fin, spirituel,
savant, un logicien habile; il a porté toutes ces qualités
à la tribune française ; il saura sans doute les faire briller
comme ministre du commerce.

MARIE,

Ministre des Travaux publics.

M. *Marie* a été bâtonnier de l'ordre des avocats de Paris ;
sa considération au barreau est aussi étendue que méritée.
Sa place était dès longtemps marquée à la Chambre, au milieu des membres les plus avancés de l'opposition. Il a jus-
tifié les espérances que son talent et son caractère avaient
fait concevoir, notamment dans la discussion du 24 février
dernier, où le premier il a repoussé la proposition de régence et démontré la nécessité d'établir un gouvernement
provisoire.

SUBERVIE,

(Ministre de la Guerre au début de la République.)

Le *général Subervie* est une des vieilles gloires de l'empire, qui, contrairement aux tendances ordinaires des lieutenants de Napoléon, s'est toujours montré libéral et dévoué aux principes dont la révolution est le triomphe.

Le général Subervie a résigné, depuis quelques semaines le poste auquel l'avait appelé l'avènement de la République. Il a été remplacé au ministère de la guerre par le général Cavaignac, officier distingué de l'armée d'Afrique.

CARNOT,

Ministre de l'Instruction publique et des Cultes.

M. *Carnot*, digne fils de son père, qui eut la gloire d'organiser et de diriger à la fois les quatorze armées de la république; M. Carnot est aussi distingué par les lumières de l'esprit que par l'élévation du cœur et la sûreté des principes : c'est un digne ministre de l'instruction publique.

LOUIS BLANC,

Membre secrétaire du gouvernement provisoire ;
Président de la Commission pour l'organisation du travail.

Louis Blanc est le plus jeune des membres du gouvernement provisoire ; il n'a aujourd'hui que 37 ans.

Il appartient à une honorable famille du Rouergue ; mais il nacquit à Madrid, en 1813, où son père résidait comme inspecteur-général des finances près la cour du roi Joseph Bonaparte.

Peu de temps après sa naissance, la chûte de Napoléon entraîna celle de tous les trônes qu'il avait élevés pour ses frères. Les Français qui avaient suivi le roi Joseph rentrèrent dans leur patrie. Le père de Louis Blanc vint se fixer à Paris, mais il laissa son fils à Rodez : c'est au collége royal de cette ville que Louis Blanc fit toutes ses études.

Peu d'écrivains sont entrés aussi jeunes que Louis Blanc dans la carrière littéraire et politique. A 19 ans il vint à Paris ; c'était quelques jours après la glorieuse révolution de 1830. Il prit rang immédiatement parmi les soldats de la presse, sous les auspices d'un avocat très regretté. Il écrivit dans plusieurs journaux quotidiens. Peu de tems après cette première apparition dans les journaux de Paris, il fut appelé à Arras. Il y travailla activement à la rédaction d'un des journaux les plus importans et les plus républicains du département, au *Progrès du Pas-de-Calais*. Le jeune écrivain adressa aussi, à cette époque, à l'académie d'Arras, deux manuscrits qui furent couronnés, et dans lesquels il développa les idées les plus libérales. L'un était un poème en cinq cents vers, intitulé *Mirabeau*, et l'autre un éloge de *Manuel*. Dès son début, Louis Blanc ne se servit de la littérature que comme d'une arme au service de la politique.

A cette époque (1839) se place une des circonstances les plus dramatiques de la vie de Louis Blanc. Il habitait la rue Louis-le-Grand ; un soir, au moment où il rentrait chez lui, il fut assailli par un inconnu, qui lui porta plusieurs coups et le laissa pour mort sur le trottoir. L'auteur de ce lâche assassinat resta toujours inconnu. A cette époque, on attribua cette infâme vengeance à l'émotion que produisit un article publié par Louis Blanc dans la *Revue du Progrès*. C'était le compte-rendu des idées napoléoniennes du prince Louis Bonaparte. Peu s'en fallut qu'un brigand ne privât alors la France d'un de ses plus beaux monuments historiques : l'*Histoire de dix ans*.

Les blessures de Louis Blanc n'étaient pas aussi dangereuses qu'on devait le craindre ; un mois suffit à son entier rétablissement.

Le principal titre de Louis Blanc à la grande renommée qu'il s'est faite, personne ne l'ignore, c'est son *Histoire de dix ans* (1830-1840). Comme écrivain, comme politique, comme historien, comme philosophe, il se plaça par cette publication au premier rang. Il faut s'être soi-même occupé de travaux historiques, pour apprécier tout ce qu'il a fallu

de sérieuses investigations , de travaux pénibles ; de recher-
ches difficiles et de ferme courage, pour écrire cette grande
épopée, pour faire sortir la vérité de ce chaos où tant de
passions avaient intérêt à laisser régner l'obscurité.

Ses succès prodigieux ne l'ont pas enorgueilli; on lui voit
toujours la même simplicité, la même droiture de conduite;
on ne le voit afficher aucun luxe. On n'a jamais cessé de
le rencontrer dans les restaurants les plus modestes ; ce qu'il
a été il y a dix ans , il l'est encore maintenant.

Ses amis personnels et politiques désiraient le voir arriver
à la Chambre, et aussitôt qu'il eut atteint l'âge d'éligibilité,
on lui acheta une maison qui pût lui donner le cens exigé
par les absurdes lois qui nous régissaient il y a quelques
jours encore. Il devait se présenter aux premières élections.

M. Louis Blanc est homme de style ; il parle bien, avec
chaleur; il a le regard vif et ardent d'un Espagnol , la
voix sonore quoique douce et une figure juvénile. Il est
de très-petite taille, et cette circonstance, loin de diminuer
l'autorité de sa voix, la sert plutôt qu'elle ne l'infirme. Elle
appelle sur lui l'intérêt de la foule, qui le traite en enfant
chéri et maintes fois déjà lui a fait de ses bras un husting,
afin qu'il pût parler au peuple.

ARMAND MARRAST.

Membre secrétaire du Gouvernement provisoire.

ARMAND MARRAST,

Membre secrétaire du Gouvernement provisoire.

M. Armand Marrast se destina d'abord à l'enseignement. Il professa, avec MM. Germain Sarrut et Bascans, que plus tard il devait retrouver dans la carrière politique, au collége semi-clérical de Pont-le-Voy (Loir-et-Cher), dont il était, je crois, élève. Mais bientôt, quittant l'instruction publique, il vint, dans les dernières années de la restauration, essayer à Paris cette plume qui, par la suite, devait percer de traits si acérés et si cruels la dernière monarchie.

Le trop plein de vie et de passion débordait alors dans Paris, sous le ministère Martignac, en querelles philosophiques, et il s'était formé deux camps, dont l'un pour l'école éclectique incarnée en M. Cousin, et l'autre pour l'école réaliste, représentée en la personne de M. Laromiguière. M. Marrast prit fait et cause pour cette dernière, et attaqua le *cousinisme* dans une suite de brochures où se révélaient déjà une singulière verve, une raillerie fine, mais qui, appréciées par des connaisseurs, ne purent tirer toutefois le jeune auteur de la profonde obscurité où il devait vivre jusqu'au début de la royauté de juillet.

Après les barricades de 1830, l'ancien élève et professeur de Pont-le-Voy, promptement déchu de ses espérances, et abandonnant sans retour la cohorte des *satisfaits*, plus nombreux alors que depuis, se jeta dans les voies extrêmes, contribua à fonder *la Tribune*, et s'acquit le renom d'une violence qui n'est pas dans son caractère.

La partie n'était pas égale. Après plusieurs années d'une lutte opiniâtre, *la Tribune* succomba sous les coups redoublés du pouvoir, et M. Marrast, objet particulier des rigueurs du parquet, dût momentanément passer en Angleterre, d'où il adressa au *National* une correspondance justement remarquée sur les affaires britanniques.

A sa rentrée en France, il prit une part active à la rédaction de ce même journal, naguère encore persécuté, aujourd'hui l'allié du pouvoir. La direction ne tarda pas à lui en échoir par le droit incontestable du talent, et c'est là que se sont épanouies et ont jeté tout leur éclat, après un labeur de vingt ans, les brillantes qualités de logique et de style qui distinguent cet écrivain. M. Armand Marrast est, avant tout, un homme d'esprit et de forme. Depuis Armand Carrel, c'est le plus grand talent qu'ait produit la presse périodique. Bien que la nature et le fond de sa polémique semblassent le rendre à jamais un homme *impossible*, ses articles, facilement reconnaissables à une touche magistrale, à une qualité toute française, l'ironie, merveilleusement servie toujours par un grand bonheur d'expression (est-ce bien *bonheur* qu'il faut dire?); ses articles, dis-je, faisaient autorité, non-seulement dans le journalisme, mais aux chambres. Ici et là, ils obtenaient toujours du moins un succès de rire et d'excellente comédie. Nous ne sommes pas suspect de flatterie envers lui. Notre opinion est celle que nous exprimons dans les lignes suivantes et dans ce recueil même, il y a quelque semaines, c'est-à-dire un siècle, et à l'époque où certes M. Marrast avait peu de chances de prendre une part personnelle au gouvernement du pays.

« Voulez-vous savoir quelle peut être en politique la magie de l'animation et du style? Parcourez les couloirs du palais Bourbon, la salle des conférences et la bibliothèque; voyez sur quel journal se porte l'attention de MM. les honorables, quel article passe de main en main, quel compte rendu de leurs séances est toujours dévoré, commenté et défraie les causeries de l'avant-scène : c'est le *premier-Paris* d'une feuille radicale; c'est l'œuvre colorée et brillante d'un homme qui ne tient à aucun parti, si ce n'est peut-être à une fraction imperceptible de la Chambre, et par conséquent ne flatte aucune passion, ne sert aucune des tactiques ni des stratégies familières aux premiers sujets de l'endroit. On le lit néanmoins, et son succès est grand; tel est parmi nous le prestige du talent de forme et de l'esprit. Sur cette esquisse, il n'est personne qui n'ait déjà nommé M. Armand Marrast. »

FERD. FLOCON,

Membre secrétaire du Gouvernement provisoire.

M. F. FLOCON, autre membre secrétaire du gouvernement provisoire et sous-secrétaire d'Etat au ministère de l'intérieur, est, bien que jeune encore, un vétéran de la presse
et des doctrines républicaines. Dès 1820, il était attaché à
la rédaction du *Courrier Français*, d'abord comme sténogra-
phe, puis comme publiciste. Il fit profession de foi républi-
caine dès les trois journées de juillet. Resté fidèle à ses principes, il fut impliqué dans quelques-uns des procès politiques

de la monarchie du 9 août, et notamment celui d'avril ; subit plusieurs condamnations, et prit part à la rédaction du *National* jusqu'à l'époque où, le parti républicain faisant scission, il quitta les bureaux de la rue Lepeltier, pour aller rue Jean-Jacques Rousseau planter, avec M. Ledru-Rollin, la bannière plus radicale et plus tranchée de *la Réforme*, dont il fut rédacteur en chef. C'est là que le destin l'a pris le mois dernier, pour le porter sans transition au gouvernement du pays et faire de lui un homme puissant. M. Ferdinand Flocon est le fils du directeur des lignes télégraphiques, et ses opinions républicaines ont souvent mis son père en danger de perdre sa place : ce dernier n'a dû sans doute de s'y maintenir qu'à ses longs services et à une grande capacité spéciale, la meilleure de toutes les égides, même sous les pouvoirs corrompus. M. Ferdinand Flocon est un homme résolu et qui n'a jamais varié. Nous ne l'avons pas suivi assez pour le juger comme publiciste : comme homme politique, on le verra à l'œuvre.

ALBERT,

Membre secrétaire du Gouvernement provisoire.

M. ALBERT, quatrième membre secrétaire du gouvernement provisoire, représente, dans le sein des conseils du
pays, l'ouvrier et le travailleur. On ne peut qu'applaudir et
à cette pensée et au choix qui le réalise. Les gens qui ap-
prochent **M.** Albert s'accordent à faire l'éloge de sa capacité
réelle, de son esprit conciliant et de sa haute probité. C'est
un ancien mécanicien-modeleur ; il a été longtemps ouvrier.

il est maître , et l'on assure qu'il doit une fortune honorable à son persévérant travail. D'abord tout entier à son état, ainsi que le doit un brave ouvrier, il a pu prendre ensuite une part d'influence aux affaires du pays. Celle qu'il exerce sur les classes laborieuses est, dit-on, fort grande. Il a été impliqué dans le procès d'avril. Il était membre du conseil des prud'hommes lorsqu'est arrivée la chute de la monarchie. Il prenait part, en même temps, à la rédaction de l'une des feuilles qui s'occupaient spécialement d'améliorer le sort du peuple, de ces journaux d'ouvriers dont nous parlions il y a quelque temps. Dans les épineuses discussions auxquelles donne lieu le problème si ardu proposé aux membres de la commission du Luxembourg, dont il est vice-président, il apportera les lumières d'un esprit droit et consciencieux, et des connaissances pratiques.

9 782014 062571